Bibliografische Information der Deutschen Nationalbibliothek:

Die Deutsche Bibliothek verzeichnet diese Publikation in der Deutschen National-
bibliografie; detaillierte bibliografische Daten sind im Internet über http://dnb.d-
nb.de/ abrufbar.

Impressum:

Copyright © 2014 GRIN Verlag, Open Publishing GmbH
Druck und Bindung: Books on Demand GmbH, Norderstedt Germany
ISBN: 978-3-668-09991-3

Dieses Buch bei GRIN:

http://www.grin.com/de/e-book/311394/asylrecht-in-europa-und-deutschland-effi-
zienz-und-ihre-grenzen

Jan Alexander Linxweiler

Asylrecht in Europa und Deutschland. Effizienz und (ihre) Grenzen

GRIN Verlag

GRIN - Your knowledge has value

Der GRIN Verlag publiziert seit 1998 wissenschaftliche Arbeiten von Studenten, Hochschullehrern und anderen Akademikern als eBook und gedrucktes Buch. Die Verlagswebsite www.grin.com ist die ideale Plattform zur Veröffentlichung von Hausarbeiten, Abschlussarbeiten, wissenschaftlichen Aufsätzen, Dissertationen und Fachbüchern.

Besuchen Sie uns im Internet:

http://www.grin.com/

http://www.facebook.com/grincom

http://www.twitter.com/grin_com

Inhaltsverzeichnis

Abbildungsverzeichnis

Asylrecht in Europa und Deutschland – Effizienz und (ihre) Grenzen

Man sollte davon ausgehen, dass Einreise und Aufenthalt in der Europäischen Union mit Freiheit und Sicherheit gleichzusetzen sind. Doch zuletzt gerät genau diese Vorstellung, insbesondere mit dem Blick auf die Ausgestaltung des Asylrechts, immer mehr ins Wanken. Auf der EU-Innenminister-Konferenz am 07.06.2013 umschrieb die EU-Innenkommissarin Cecilia Malmström die momentane Situation wie folgt: "Es ist immer noch wie bei der Lotterie, wenn man nach Europa kommt, um hier Schutz zu suchen."[1]

Vor ebendiesem Hintergrund der Unsicherheit des Asylsystems widmet sich der Beitrag in kleinem Rahmen der Frage einer prozessualen Effizienz im Asylrechtssystem. Grundsätzlich kennt die Leistungsverwaltung das Spannungsverhältnis zwischen dem bürgerlichen Interesse auf Einhaltung und prozessuale Gewährleistung seiner Grundrechte sowie dem staatlichen Interesse, innerhalb der Verwaltung Kosten und Aufwand zu sparen.

Eine prozessuale Effizienz muss dabei für Ausgleich zwischen dem staatlichen und dem bürgerlichen Interesse – oder hier dem des Asylsuchenden – finden, indem ein Zugang zu einem schnellen und rechtskonformen Verfahren geschaffen wird.

Um nun vorliegend eine Ausuferung des wohl tatsächlich grenzenlosen Themas zu vermeiden, wird dieser Beitrag den Fokus auf das *Dublin-System* und seine Ausgestaltung legen. So wird zuerst einmal auf die Begrifflichkeit „Flüchtling" und deren Einbettung in die Flüchtlingsschutzsysteme in die völker- sowie europarechtliche und nationale Ebene eingegangen. Im Anschluss wird die Ausgestaltung des *Dublin-Systems* anhand seiner Entstehung und Einbindung in das *Gemeinsame Europäische Asylsystem* dargestellt, analysiert und im Anschluss bewertet. Abschließend wird eine potentielle Lösungsmöglichkeit präsentiert.

---

1 http://www.dradio.de/aktuell/2135746/, 28.07.2013.

2

Dreiklang des Schutzes – Wer wird wie woraus geschützt?

Wenn jemand auf der Straße gefragt würde, was ein Flüchtling sei, so würde die zögerliche Antwort wahrscheinlich auf folgendes hinauslaufen: Ein Flüchtling ist jemand, der vor irgendwem oder vor irgendetwas flieht. Eine grundsätzlich zutreffende, aber rechtlich nicht verwertbare Aussage. Mithin muss dieser Begriff konkretisiert werden, um einen Schutzbereich zu definieren.

Die Natur der Genfer Flüchtlingskonvention

Beginnen wir zunächst auf der völkerrechtlichen Ebene. Die Genfer Flüchtlingskonvention von 1951 (GFK) wird in Verbindung mit dem Zusatzprotokoll von 1967 noch heute als die „Magna Charta der Flüchtlinge" bezeichnet und schafft den abstrakten rechtlichen Rahmen für die völkerrechtliche Behandlung von Flüchtlingen.[2] Insbesondere regelt sie den Rechtsstatus von Flüchtlingen. Somit hat ein Signatarstaat die Flüchtlingseigenschaft seines Asylbewerbers, welche sich nach den drei nachfolgend genannten Flüchtlingsbegriffen bestimmt, innerhalb eines Asylverfahrens zu prüfen.[3] Die GFK statuiert damit jedoch kein Recht auf Asyl oder auf Gewährung von Asyl.[4]

Die Gewährung von Asyl obliegt dem Aufnahmestaat selbst – nach Maßgabe seines Rechts.[5] Eine völkerrechtlich einklagbare Aufnahmepflicht oder ein einklagbares subjektives Recht auf Schutz wird durch die GFK nicht geregelt.[6] Auch fehlt es an Verfahrensregeln oder Durchsetzungsmechanismen mittels einer entsprechenden Durchsetzungsinstanz. Empfehlungen und Stellungnahmen des UN Hochkommissars für Flüchtlinge (UNHCR) – wie etwa das „Handbuch über Verfahren und Kriterien zur Feststellung der Flüchtlingseigenschaft" – tragen zwar etwas Gewicht, fallen jedoch als unverbindliches Völkerrecht in den Bereich des *soft law*.[7]

Letztlich werden die Signatarstaaten durch das Prinzip des *good faith* an die GFK gebunden. Dieses Prinzip besagt, dass die Parteien eines völkerrechtlichen Vertrages die Erreichung der

---

2 *Lafrai,*, Die EU- Qualifikationsrichtlinie und ihre Auswirkungen auf das deutsche Flüchtlingsrecht, 2013, S. 5.
3 *Lafrai*, (Fn2), S. 5 ff.
4 *Hailbronner*, ZAR 1993, S. 3; *Davy*, Asyl und internationales Flüchtlingsrecht, Band I: Völkerrechtlicher Rahmen, 1996, S. 51ff.
5 *Hobe*, Einführung in das Völkerrecht, S. 459.
6 *Lafrai,* (Fn 2), S. 6.
7 *Hobe* (Fn 5), S. 205 ff.

3

Ziele desselben fördern sollen und nicht entgegen dem Vertragszweck handeln dürfen.[8] Mithin ist ein formalisiertes Asylverfahren durch den Signatarstaat durchzuführen.[9] In diesem Asylverfahren sind nun die durch die GFK gesetzten Mindeststandards zu beachten.[10] Darunter fällt neben der Gewährung der fundamentalen Menschenrechte vor allem das durch Art. 33 GFK eingeführte Rechtsinstitut des *non-refoulement*.[11] Es beinhaltet letztlich das Verbot der zwangsweisen Verbringen eines Flüchtlings in sein Herkunftsland, solange nicht die Flüchtlingseigenschaft in einem fairen und gerechten Verfahren verneint wurde.[12]

Drei Definitionen des Flüchtlingsbegriffs

Kommen wir nun zu den drei besagten, in der GFK statuierten Flüchtlingsbegriffen. Die Signatarstaaten schufen diese mit dem Ziel eines möglichst weiten Flüchtlingsbegriffs, in dem nahezu alle bekannten Flüchtlingskategorien inbegriffen sein sollten.[13] Dabei wurden zwei Auffangtatbestände geschaffen, die Personen schützen sollten, welche aufgrund von vor dem 01. Januar 1951 eingetretenen Ereignissen geflohen waren oder nicht in ihre Heimat zurückkehren konnten.[14]

So fallen unter den Begriff des statutären Flüchtlings i.S.d. Art. 1 A Nr. 1 GFK diejenigen Personen, welche durch der GFK zeitlich vorgelagerte und in Art. 1 A Nr. 1 GFK genannte Flüchtlingsabkommen geschützt werden. Der Schutz bleibt auch bestehen, wenn die Voraussetzungen des allgemeinen Flüchtlingsbegriffs des Art. 1 A Nr. 2 GFK nicht erfüllt sind.[15] Dasselbe gilt für Flüchtlinge i.S.d. Art. 1 D GFK, also Personen, die ursprünglich durch eine Organisation oder Institution der Vereinten Nationen (mit Ausnahme des UN Hoch-Kommissars für Flüchtlinge) geschützt wurden und bei denen diese Hilfe weggefallen ist.[16]

Daneben umfasst nun der allgemeine Flüchtlingsbegriff des Art. 1 A Nr. 2 GFK all diejenigen Personen/Flüchtlinge, die sich außerhalb ihres Heimatstaates aufhalten, den Schutz dieses Staates nicht in Anspruch nehmen können oder wollen, begründete Furcht vor Verfolgung

---

8 *Lafrai*, (Fn 2), S. 13 ff.
9 Vgl. BVerfGE 94, 49 ff.
10 *Hobe* (Fn 5), S. 459.
11 *Hailbronner*, ZAR 1993, S. 3.
12 *Deutscher Anwaltverein*, Memorandum Flüchtlingsaufnahme in der Europäischen Union: Für ein gerechtes und solidarisches System der Verantwortlichkeit, S. 9.
13 *Lafrai*, (Fn 2), S. 22.
14 *Hailbronner*, ZAR 1993, S. 3.
15 *Lafrai*, (Fn 2), S. 18.
16 *Kemper*, ZAR 1992, 112.

haben und deren Verfolgungsgefahr auf Gründen der Rasse, Religion, Nationalität, Zugehörigkeit zu einer bestimmten sozialen Gruppe oder der politischen Überzeugung basieren.[17]

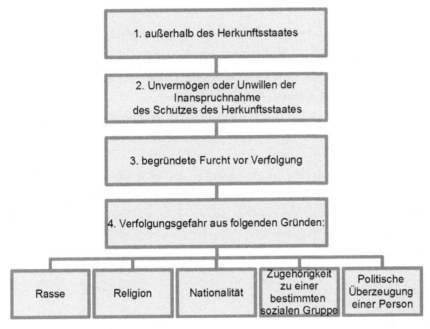

Abbildung 1: Flüchtlingsbegriff nach der Genfer Flüchtlingskonvention

Die der Genfer Flüchtlingskonvention inhärenten Probleme

Eine Aufschlüsselung der einzelnen Kriterien muss aufgrund des eingeschränkten Rahmens des Beitrages leider unterbleiben. Jedoch führt genau die Anwendung dieser Kriterien dazu, dass lediglich 10 – 20% aller sich auf der Flucht befindenden Menschen von der GFK erfasst werden.[18] Andauernde Kriege, Bürgerkriege oder wirtschaftliche Gründe werden im Rahmen der GFK nicht als „flüchtlingsrelevant" anerkannt.[19] Zudem ist umstritten, ob unter den Begriff der Verfolgung auch nicht staatliche Verfolgung fallen kann.[20] Letztlich werden Flüchtende, die nicht von der GFK als Flüchtling anerkannten werden, aber dennoch nicht in

17 *Goodwin-Gill/ McAdam*, The Refugee in International Law, S. 37.
18 *Hobe* (Fn 5), S. 458; *Lafrai,* (Fn 2), S. 20.
19 Ibid.
20 Gegenteilig bspw. BVerfG E 54, 341 ff; BVerwGE 104, 269ff.

der Lage oder aus bestimmten Gründen bereit sind, in ihr Herkunftsland zurückzukehren, als *De-Facto-Flüchtlinge* bezeichnet.[21] Sie werden zumeist kurzfristig im Aufenthaltsstaat geduldet oder aber ihnen wird, insbesondere im Falle von Krieg oder Bürgerkrieg im Herkunftsland, zeitweiliger Schutz (*temporary protection*) gewährt.[22]

Das Gemeinsame Europäische Asylsystem

Nach der völkerrechtlichen kommen wir nun zur europarechtlichen Ebene. Das Asyl- und Flüchtlingsrecht erfuhr hier durch den Vertrag von Maastricht[23], der am 01.11.1993 in Kraft trat, seine erstmalige Einbindung in die intergouvernementale Zusammenarbeit auf europäischer Ebene. Unter Titel IV des EUV werden dabei verschiedene die Flüchtlingspolitik betreffende Bereiche genannt.

Zu deren Durchsetzung und der Durchsetzung der ihnen inhärenten Ziele wurden entsprechend Rechtsinstrumente geschaffen.[24] Im Vertrag von Amsterdam[25] verlagerte sich dann zumindest partiell das Einwanderungs- und Asylrechts in die primäre Zuständigkeit der Europäischen Union.[26] Es folgten zwei Harmonisierungsphasen, die im Juni 2013 vorerst ihren Abschluss mit der zweiten Phase des *Gemeinsamen Europäischen Asylsystems*[27] fanden.

---

21 *Hailbronner,* ZAR 1993, S. 5.
22 *Hobe* (Fn 5), S. 458.
23 Vertrag über die Europäische Union vom 07.02.1992, BGBl. 1992 II, S. 1253 (EUV).
24 *Lafrai,* (Fn 2), S. 65 ff.
25 Vertrag von Amsterdam zur Änderung des Vertrags über die Europäische Union, der Verträge zur Gründung der Europäischen Gemeinschaft sowie einiger damit zusammenhängender Rechtsakte, BGBl. 1998 II S. 386 ff.
26 *Lafrai,* (Fn 2), S. 83.
27 Vgl. Nr. 11 der Präambel der Richtlinie 2011/95/EU des Europäischen Parlamentes und des Rates vom 13.12.2011 über Mindestnormen für die Anerkennung und den Status von Drittstaatsangehörigen oder Staatenlosen als Flüchtlinge oder als Personen, die anderweitig internationalen Schutz benötigen, und über den Inhalt des zu gewährenden Schutzes (Neufassung), Richtlinie 2011/95/EU (QRL).

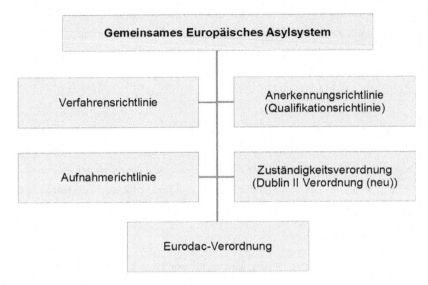

Abbildung 2: Gemeinsames Europäisches Asylsystem

Die zweite Phase dieses Systems besteht nun aus drei Richtlinien und zwei Verordnungen. Die neue *Verfahrensrichtlinie*[28] legt Verfahrensstandards für das Asylverfahren fest und soll die nationalen Verfahren angleichen. Aufgrund der hier verankerten Regelungen hinsichtlich so genannter sicherer Herkunftsländer und sicherer Drittstaaten (Art. 36 -39 Verfahrensrichtlinie), gilt sie als eine der umstrittensten Richtlinien.

Die Drittstaatenregelung besagt, dass Asylsuchenden der Zugang zum Asylverfahren verweigert werden kann, wenn sie über „sichere Drittstaaten" einreisen (Art. 39 Verfahrensrichtlinie). Sie können dann direkt an der Grenze abgewiesen werden. Ähnliches gilt hinsichtlich „sicherer Herkunftsländer". Eine Definition als „sicher" erfolgt jeweils durch nationale Bestimmungen. So stufte beispielsweise das BVerfG in einer Entscheidung alle Mitgliedstaaten der Europäischen Gemeinschaft unwiderleglich kraft Verfassung als sichere Staaten ein.[29] Angesichts einer solchen Vermutung ist eine individuelle Prüfung der Schutzbedürftigkeit von vornherein ausgeschlossen. Dies ändert sich auch in der novellierten Fassung nicht.

---

28 Richtlinie EU des Europäischen Parlamentes und des Rates vom 12.06.2013 zu gemeinsamen Verfahren für die Zuerkennung und Aberkennung des internationalen Schutzes (Neufassung).
29 BVerfGE 94, 49.

Zudem enthält sie Reglungen, die die Bearbeitungsfrist des Asylverfahrens auf sechs Monate – in Ausnahmefällen auf 18 Monate – beschränken. Es wurden Bestimmungen für die Ausbildung der für die Bearbeitung zuständigen Mitarbeiter sowie Vorschriften hinsichtlich der besonderen Bedürfnisse unbegleiteter Minderjähriger oder anderer besonders schutzbedürftiger Personen eingefügt.

Eine weitere Richtlinie innerhalb dieses Systems ist die 2011 novellierte Anerkennungsrichtlinie, welche auch als *Status-* oder *Qualifikationsrichtlinie* bezeichnet wird. Sie legt die gemeinsamen Standards für die Anerkennung und den Status von Flüchtlingen sowie von Personen, die einen subsidiären Schutzstatus erhalten, fest. Hierbei gilt grundsätzlich, dass die Anerkennung als Flüchtling und die Gewährung des Flüchtlingsstatus deklaratorischer Natur sind.[30]

Vereinfacht ausgedrückt: Eine Person wird nicht zum Flüchtling, weil sie als solcher anerkannt wird, sondern sie wird anerkannt, weil sie ein solcher ist.[31] Die QRL orientiert sich dabei grundsätzlich an der GFK, konkretisiert die einzelnen Tatbestandsmerkmale jedoch in ihrem Kapitel III selbst.[32] Hierbei folgt sie primär-rechtlich Art. 78 AEUV und Art. 6 Abs. 2 EUV, welche die Schaffung eines gemeinsamen Flüchtlingsrecht unter den Vorgaben der GFK und anderer einschlägiger Verträge zum Ziel haben.[33] Warum in diesem Rahmen das in Art. 18 Europäische Grundrechte-Charta (GRC) i.V.m. Art. 78 AEUV sowie in Art. 14 AEMR festgehaltene Recht auf Asyl nicht in die Novellierung eingeflossen ist, bleibt zu hinterfragen.

Der personale Anwendungsbereich der QRL erstreckt sich lediglich auf Drittstaatsangehörige und Staatenlose, nicht aber auf EU-Bürger.[34] In ihrem sachlichen Anwendungsbereich gewährt sie Schutz auf zwei Stufen, wobei die zweite Stufe subsidiär zur vorangegangenen ist. Die erste Stufe ist der so genannte Flüchtlingsschutz. Ein Flüchtling i.S.d. QRL ist ein Drittstaatsangehöriger, der aus begründeter Furcht vor Verfolgung wegen seiner Rasse, Religion, Staatsangehörigkeit, politischen Überzeugung oder Zugehörigkeit zu einer bestimmten sozialen Gruppe sich außerhalb des Landes befindet, dessen Staatsangehörigkeit er besitzt, und den Schutz dieses Landes nicht in Anspruch nehmen kann oder wegen dieser

---

30 *Lafrai*, (Fn 2), S. 142.
31 UNHCR, Handbuch über Verfahren und Kriterien zur Feststellung der Flüchtlingseigenschaft, 2003, Nr. 28.
32 Vgl. Nr. 14 Präambel der QRL.
33 *Lafrai*, (Fn 2), S. 210.
34 *Lafrai*, (Fn 2), S. 142.

Furcht nicht in Anspruch nehmen will, oder einen Staatenlosen, der sich aus denselben vorgenannten Gründen außerhalb des Landes seines vorherigen gewöhnlichen Aufenthalts befindet und nicht dorthin zurückkehren kann oder wegen dieser Furcht nicht dorthin zurückkehren will.[35] Ferner dürfen die Ausschlusstatbestände des Art. 12 QRL keine Anwendung auf ihn finden.

Abbildung 3: Flüchtling im Sinne der Qualifikationsrichtlinie

Von der zweiten Stufe, dem subsidiären Schutz, werden sodann die Drittstaatsangehörigen oder Staatenlosen erfasst, welche stichhaltige Gründe für die Annahme vorbringen können, dass sie bei Rückkehr in ihr Heimatland oder den Staat des vorherigen Aufenthaltes Gefahr laufen, Schaden i.S.d. Art. 15 QRL zu erleiden und gleichzeitig die Ausschlusstatbestände der Art. 17 Abs. 1, Abs. 2 QRL nicht greifen.[36]

---

35 Art. 2 lit. c) QRL.
36 Art. 2 lit. e) QRL.

Von der QRL selbst nicht erfasst ist der absolute Abschiebeschutz, welcher aus dem Rechtsinstitut des *non-refoulement* (Art. 33 GFK) und insbesondere Art. 3 EMRK resultiert.[37] Seine Ausgestaltung obliegt dem nationalen Recht des Schutzstaates.[38]

Weithin wird die QRL als das wichtigste Instrument des europäischen Asylrechts, insbesondere hinsichtlich des materiellen Rechts, angesehen. Sie versucht nationale Interessen in Einklang mit Flüchtlingsrecht und Menschenrechten zu bringen.[39] Im Ergebnis reicht sie letztlich zu gemeinsamen Mindeststandards.[40] Durch die Novellierung im Jahre 2011 ist mit der weitgehenden Angleichung der Rechte von Flüchtlingen und subsidiär Schutzbedürftigen aber ein weiterer großer Schritt in Richtung der Stärkung der Flüchtlingsrechte im weiteren Sinne unternommen worden. So sollen sie durch einen besseren Zugang zum Arbeitsmarkt und zur Gesundheitsversorgung sowie beim Recht zur Familienzusammenführung in den Aufnahmestaaten gleichgestellt werden.

Die *Aufnahmerichtlinie*[41] umfasst Reglungen hinsichtlich der sozialen Aufnahmebedingungen für Asylsuchende. So werden unter anderem Reglungen über Zugang zum Arbeitsmarkt (Art. 15), zur sozialen Sicherung (Art. 17) und zur medizinischen Versorgung (Art. 19) getroffen. Diese wurden gerade novelliert. Ebenso wie die Unterbringung und der Umgang mit minderjährigen Flüchtlingen. Ferner bildet die Richtlinie auch die Rechtsgrundlage für die Inhaftierung von Asylsuchenden während des Asylverfahrens. So werden in Art. 8 sechs Haftgründe festgelegt. Dies stößt gerade bei vielen Flüchtlingsorganisationen auf erhebliche Kritik, da eine Inhaftierung beispielsweise bereits zum Zwecke der Identitätsfeststellung erfolgen kann.[42]

Die Zuständigkeitsverordnung oder auch *Dublin-III-Verordnung* bzw. *Dublin-II-Verordnung (neu)*[43] regelt die Zuständigkeit der Mitgliedstaaten für die Bearbeitung der Asylanträge. Weitere Ausführungen hierzu erfolgen unter der nachfolgenden Überschrift.

---

37 *Lafrai*, (Fn 2), S. 142.
38 *Lafrai*, (Fn 2), S. 143.
39 *Goodwin-Gill/ McAdam* (Fn 17), S. 41.
40 *Lafrai*, (Fn 2), S. 209 ff.
41 Richtlinie EU des Europäischen Parlamentes und des Rates vom 12.06.2013 zur Festlegung von Normen für die Aufnahme von Antragstellern auf internationalen Schutz (Neufassung).
42 Vgl. http://www.proasyl.de/de/presse/detail/news/europaparlament_verabschiedet_so_genanntes_asylpaket/, 26.08.2013.
43 Verordnung EU Nr. 604/2013 des Europäischen Parlamentes und des Rates vom 26.06.2013 zur Festlegung der Kriterien und Verfahren zur Bestimmung des Mitgliedstaats, der für die Prüfung eines von einem Drittstaatsangehörigen oder Staatenlosen in einem Mitgliedstaat gestellten Antrags auf internationalen Schutz zuständig ist (Neufassung).

Abschließend ist noch die *Eurodac*-Verordnung[44] zu benennen. *Eurodac* ist die europäische Datenbank zur Speicherung von Fingerabdrücken von Asylbewerbern und illegal eingereisten Ausländern. Sie dient der Feststellung, ob diese bereits in anderen Mitgliedstaaten Asylanträge gestellt haben. In ihrer novelliert Form haben nun auch Sicherheitsbehörden Zugang, um dort Abgleiche mit Fingerabdrücken zur Verfolgung konkreter terroristischer oder anderer schwerer Straftaten nehmen zu können. Jedoch gilt ein striktes Verbot systematischer Abfragen.

Zusammenfassend ist die zweite Phase der Harmonisierung des *Gemeinsamen Europäischen Asylsystems* sehr janusköpfig angelegt. Zum einen wurde das bestehende Asylsystem um dem Flüchtlingsschutz förderliche Regelungen ergänzt oder der bestehende Schutz ausgebaut. Auf der anderen Seite kann man gerade im Bereich der Verfahrensangleichung oder der QRL nur von der Errichtung des „kleinsten gemeinsamen Nenners" ausgehen oder sogar eine Stagnation in der Fortentwicklung beobachten. Letztlich muss sich das neu installierte System jetzt ihrer Bewährungsprobe stellen.

Das deutsche Asylsystem

Wenden wir uns dem nationalen Flüchtlingsschutz in Deutschland zu. Hervorzuheben ist dabei die Asylberechtigung nach Art. 16a GG, welche politisch Verfolgten verfassungsrechtlich einen Anspruch auf Anerkennung als Asylberechtigte gewährt.[45] Vor Erlass der QRL war das deutsche Asylsystems dogmatisch durch Art. 16a GG und seine Auslegung durch das BVerfG[46] geprägt.[47] Die Harmonisierung im Rahmen des *Gemeinsamen Europäischen Asylsystems* führt nun zur Angleichung der durch nationale Rechtsprechung geprägten Begrifflichkeiten an das Unionsrecht.[48]

Die Prüfung des benannten Anspruchs erfolgt auf Grundlage des Asylverfahrensgesetzes (AsylVfG). Hierbei ist Ausländern, denen politische Verfolgung droht, nach § 60 I AufenthG

---

44 Verordnung EU Nr. 603/2013 des Europäischen Parlamentes und des Rates vom 26.06.2013 über die Einrichtung von Eurodac für den Abgleich von Fingerabdruckdaten zum Zwecke der effektiven Anwendung der Verordnung (EU) Nr. 604/2013 zur Festlegung der Kriterien und Verfahren zur Bestimmung des Mitgliedstaats, der für die Prüfung eines von einem Drittstaatsangehörigen oder Staatenlosen in einem Mitgliedstaat gestellten Antrags auf internationalen Schutz zuständig ist und über die Gefahrenabwehr und Strafverfolgung dienende Anträge der Gefahrenabwehr- und Strafverfolgungsbehörden der Mitgliedstaaten und Europols auf den Abgleich mit Eurodac-Daten sowie zur Änderung der Verordnung (EU) Nr. 1077/2011 zur Errichtung einer Europäischen Agentur für das Betriebsmanagement von IT-Großsystemen im Raum der Freiheit, der Sicherheit und des Rechts (Neufassung).
45 *Bundesamt für Migration und Flüchtlinge*, Die Organisation des Asyl- und Zuwanderungspolitik in Deutschland, S. 24f.
46 BVerfGE 94, 49 ff., 115 ff., 166ff.
47 *Deutsches Rotes Kreuz*, Erläuterungen zum Asylverfahrensgesetz – Vorgerichtliches Verfahren, S. 31.
48 *Lafrai*, (Fn 2), S. 296; *Deutsches Rotes Kreuz*, S. 31.

i.V.m. § 3 AsylVfG die Flüchtlingseigenschaft i.S.d. GFK zu zuerkennen.[49] Dabei geht deutsche Rechtsprechung bislang von inhaltliche Identität zwischen den geregelten Flüchtlingsbegriffen aus.[50] Einer Anerkennung als Flüchtlings steht auch der Ausschluss des Rechts auf Asyl aus Art. 16a GG, etwa wegen der Drittstaatenregelung[51], nicht entgegen. Lediglich ein Ausschlusstatbestand des AsyVfG oder des AufentG darf nicht erfüllt sein.[52]

Nachrangig zur Asyl- oder Flüchtlingsanerkennung wird im Asylverfahren auch der subsidiäre Schutz i.S.d. §§ 60 II, III, VII 2 AufenthG geprüft. Der auf nationaler Ebene geregelte subsidiärer Schutz ist dabei nicht vollständig deckungsgleich mit der QRL ist.[53]

Schließlich umfasst § 60 AufenthG noch Regelungen hinsichtlich des absoluten Abschiebeschutzes sowie des Abschiebeschutz aus sonstigen humanitären oder familiären Gründen, insbesondere § 60 VII 1 AufenthG bei Krankheit.

Der Aufenthaltstiteln für Asylberechtigte und für aus subsidiärem Schutz Berechtigte ist dann gemäß § 25 AufenthG zu erteilen. Das Asylbewerberleistungsgesetz (AsylbLG) regelt schließlich die Höhe und Form von Unterstützungsleistungen an Asylbewerber während des laufenden Asylverfahrens.[54] Auch Geduldete oder Ausländer, denen der Aufenthalt aus völkerrechtlichen oder humanitären Gründen oder zur Wahrung politischer Interesse der Bundesrepublik gewährt wurde, haben einen Anspruch auf diese Unterstützungsleistungen.[55]

---

49 Duchrow, ZAR 2004, 339.
50 BVerwG, 89, 296.
51 BVerfGE 94, 49 ff., 115 ff., 166ff.
52 *Bundesamt für Migration und Flüchtlinge* (Fn 45), S. 25.
53 *Lafrai,* (Fn2), S. 269.
54 BVerfG, 1 BvL 10/10 vom 18. Juli 2012.
55 *Bundesamt für Migration und Flüchtlinge* (Fn 45), S. 25.

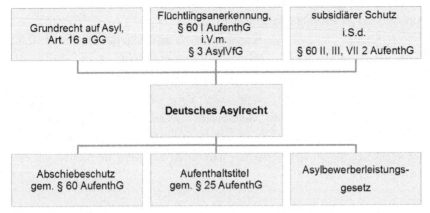

Abbildung 4: Die wichtigsten Normen des deutschen Asylrechts

Abschließend bleibt noch festzustellen, dass die nationale Ausgestaltung des Flüchtlingsschutzes in Deutschland sich sehr viel restriktiver gestaltet als in anderen Mitgliedstaaten.[56] Vor dem Hintergrund der inhaltlichen Erweiterungen durch die QRL und dem allgemein stärkeren Einfluss der Union auf das Ausländer- und Asylrecht sind der deutsche Gesetzgeber und die Rechtsprechung in Zugzwang hinsichtlich europarechtskonformer Rechtsgestaltung.[57] So bleibt abzuwarten, wie sich das deutsche Asylsystem in die Vereinheitlichungsbestrebungen einfügt.

Effizienz im Verfahren - Krise des *Dublin-Systems*

Aber wie ist nun eigentlich die Zuständigkeit im Flüchtlingsschutz geregelt? Der Flüchtlingsschutz ist letztlich den einzelnen Vertragsstaaten selbst überlassen. Die GFK statuiert zwar das Rechtsinstitut des *non-refoulement* (Art. 33 GFK); verleiht aber weder einen subjektiven Anspruch auf Asyl noch begründet sie eine zwischenstaatlich verbindliche Aufnahmepflicht.[58] Infolgedessen sah sich in der GFK nachfolgenden Ausgestaltung der Asylpolitik kein Staat einer völkerrechtlichen Verpflichtung für die Aufnahme von Flüchtlingen unterworfen. Die europäischen Staaten versuchten sogar durch den aus dieser

---

56 *Hailbronner*, ZAR 2009, 372.
57 *Lafrai*, (Fn2), S. 294; *Deutscher Anwaltverein*, Stellungnahme des DAV durch den Ausschuss Ausländer- und Asylrecht, März 2006.
58 *Hailbronner*, ZAR 1993, 3.

Situation erwachsenden „negativen Kompetenzkonflikt"[59] die Flüchtlingsströme geradezu abzuwehren und auf andere Staaten umzulenken.[60]

Änderung brachten schließlich zwei Abkommen, die in ihrer damaligen Form das *Dublin-System* bildeten: das Schengener Übereinkommen und das Dubliner Übereinkommen. Ersteres wirkte mit dem Schengener Durchführungsübereinkommen (SDÜ) in einer „Pionierfunktion".[61] Neben dem schrittweisen Abbau der Grenzkontrollen und der Harmonisierung der Einreise- und Visumspolitik implementiert es in Kapitel 7 SDÜ Regelungen zur Zuständigkeit in Asylbegehren.[62] Das nachfolgende Dubliner Abkommen traf dann Regelungen, die gewährleisten sollten, dass nur der zuständige Mitgliedstaat sich mit dem Asylantrag befasst.[63]

Mit der Verordnung (EG) Nr. 343/2003 folgte dann der gemeinschaftliche Rechtsakt, die so genannte Dublin-II-Verordnung (D-II). Hier wurden verbindliche Kriterien normiert, um Kompetenzkonflikte und das Abschieben von Flüchtlingen von Staat zu Staat zu unterbinden. Anknüpfungspunkt ist dabei zunächst der Grundsatz der Einheit der Familie (Art. 6-8 D-II). Erst danach greift das so genannte „Prinzip der Verantwortung".[64] Grundgedanke dieses Prinzips ist, dass derjenige Staat, der die Einreise veranlasst und nicht verhindert hat, die Zuständigkeit für sich begründet (Art. 9-10 D-II); insbesondere, wenn der Flüchtling unerlaubt (ohne Visum), aber auch wenn er unter Erteilung eines Einreisevisums/Aufenthaltstitels eingereist ist.[65] Jedoch kann der Mitgliedstaat, in welchem sich der Flüchtling aufhält, auf Ersuchen des zuständigen Mitgliedstaates, insbesondere aus familiären oder kulturellen Gründen, mittels der humanitären Klausel des Art. 15 D-II den Asylantrag selbst prüfen.[66]

---

59 *Deutscher Anwaltverein*, (Fn 12), S. 9.
60 *Cremer*, in Deutsches Institut für Menschenrechte: Die Asyldebatte in Deutschland: 20 Jahre nach dem „Asylkompromiss", Essay Nr. 14, S.7.
61 *Deutscher Anwaltverein*, (Fn 12), S. 10.
62 *Lafrai*, (Fn 2), S. 69f.
63 Ibid.
64 *Dolk*, Das Dublin Verfahren, 2011, S.4.
65 *Lafrai*, (Fn 2), S. 70.
66 Ibid.

14

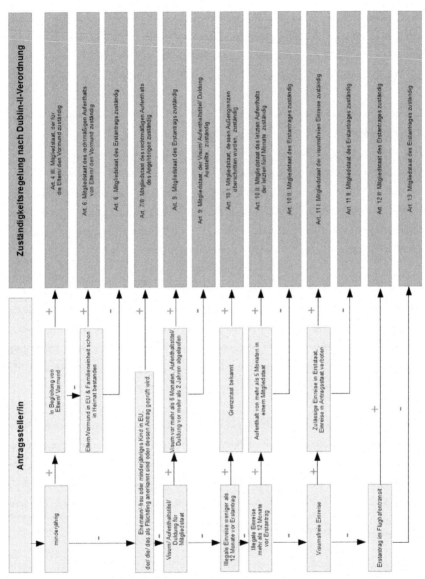

Abbildung 5: Zuständigkeit nach dem Dublin System (erstellt unter Anlehnung an: Bethke/Bender, Beratung von Flüchtlingen im Dublin-Verfahren, 2011, S. 10).

Im Rahmen der zweiten Phase der Harmonisierung des *Gemeinsamen Europäischen Asylsystems* wurden dann Novellierungen des Schengener Grenzkodexes (SGK), des Schengener Durchführungsübereinkommens (SDÜ), der Europäische Visumverordnung (EUVisumVO) und des Visakodexes (VK) sowie der Dublin-II-Verordnung vorgenommen.

Insbesondere die *Dublin-II-Verordnung (neu)*[67] (D-II neu) ist eine Reaktion auf die Probleme des *Dublin-Systems*. Hervorgehoben werde diese Probleme auch durch zwei Urteile: die EuGH-Entscheidung in der Rechtssache N.S.[68], welche ihrerseits eine Reaktion auf die Entscheidung des EGMR in der Rechtssache M.S.S[69] ist. In beiden Entscheidungen ging es um eine Rückführung von Drittstaatsangehörigen nach Griechenland, nachdem diese im Vereinigten Königreich und Irland[70] bzw. in Belgien[71] Asyl beantragt hatten. Jedes Mal war Griechenland der zuständige Mitgliedstaat und auch wurde jedes Mal geltend gemacht, dass durch eine Rückführung die Grundrechte der Antragsteller verletzt würden.

In beiden Entscheidungen wird hervorgehoben, dass ein Asylbewerber nicht an einen Mitgliedstaat überstellt werden darf, in dem er Gefahr läuft, unmenschlich behandelt zu werden. Der EuGH und der EGMR heben zwar hervor, dass aufgrund des *Gemeinsamen Europäischen Asylsystems* die Mitgliedstaaten darauf Vertrauen dürfen, dass im System beteiligte Staaten zur unionsrechtskonformen Auslegung angehalten sind und auch die GRC sowie andere allgemeine Grundsätzen des Unionsrechts beachten.[72]

Aber beide Gerichte weisen auch darauf hin, dass der effektive Rechtsschutz durch effiziente Bearbeitung der Asylanträge sowohl im Interesse der Antragsteller als auch der teilnehmenden Staaten zu gewährleisten ist. Es gelte zwar eine Vermutung, dass die Behandlung der Asylbewerber in jedem einzelnen Mitgliedstaat in Einklang mit den Erfordernissen der GRC, der GFK und der Europäischen Menschenrechtskonvention steht. Allerdings ist diese Vermutung widerlegbar.[73]

---

67 Verordnung EU Nr. 604/2013 des Europäischen Parlamentes und des Rates vom 26. Juni 2013 zur Festlegung der Kriterien und Verfahren zur Bestimmung des Mitgliedstaats, der für die Prüfung eines von einem Drittstaatsangehörigen oder Staatenlosen in einem Mitgliedstaat gestellten Antragsauf internationalen Schutz zuständig ist (Neufassung).
68 EuGH, 21.12.2011 - C-411/10, C-493/10.
69 EGMR, 21.01.2011 - 30696/09, M.S.S. v. Belgium and Greece.
70 EuGH, 21.12.2011 - C-411/10, C-493/10.
71 EGMR, 21.01.2011 - 30696/09, M.S.S. v. Belgium and Greece.
72 EuGH, 21.12.2011 - C-411/10, C-493/10; EGMR, 21.01.2011 - 30696/09, M.S.S. v. Belgium and Greece.
73 EuGH, 21.12.2011 - C-411/10, C-493/10; gegensätzlich: BVerfGE 94, 49 ff.

Es dürfen bei Verdacht einer Verletzung selbiger Verträge keine Asylbewerber an einen eigentlich zuständigen Mitgliedstaat überstellt werden. Dabei führt nicht schon der geringste Verstoß gegen die asylrechtlichen Normen zu einer Vereitlung der Überstellung in den zuständigen Mitgliedstaat. Ist dem Mitgliedstaat jedoch ersichtlich, dass dem Asylbewerber durch systematische Mängel des Asylverfahrens oder der Aufnahmebedingungen im eigentlich zuständigen Mitgliedstaat ernstlich der Gefahr einer unmenschlichen oder erniedrigenden Handlung i.S.v. Art. 4 GRC ausgesetzt ist, so darf er den Antragsteller nicht rückführen.

Den Mitgliedstaaten obliegt also die Zuständigkeit, den Antrag selbst zu prüfen.[74] Allerdings muss dabei der Grundsatz des effektiven Rechtsschutzes so gewahrt werden, dass eine Situation, in der die Grundrechte des Asylbewerbers verletzt werden, nicht auch noch durch ein unangemessen langes Verfahren zur Bestimmung des zuständigen Mitgliedstaats verschlimmert wird.

Zusammenfassend weisen der EuGH und der EMGR damit auf die inhärenten Schwächen des *Dublin-Systems* hin. Sie zeigen auf, dass im Bezug auf die Zuständigkeit durch das Abstellen auf die irregulärer Einreise die grenznahen Mitgliedstaaten – am Leitbeispiel Griechenland – überlastet werden.[75] So wurde durch die im Verfahren Beteiligten[76] unstreitig festgestellt, dass allein im Jahre 2010 fast 90% der illegalen Einwanderer über Griechenland in die Union gelangt sind.[77] Eine solche Verteilung auf einen einzelnen Mitgliedstaat stellt eine unverhältnismäßige Belastung im Verhältnis zu den übrigen Mitgliedstaaten dar.

Die Novellierung der Verordnung will hier den bis dato systemimmanenten Problemen durch einheitliche Standards in Verfahren und Statusgewährung Einhalt gebieten.[78] So wird zuerst einmal, ähnlich wie bei der Novellierung der QRL, der Anwendungsbereich der Verordnung ausgeweitet. Nun sind gem. Art. 1 D-II neu auch die Anträge auf subsidiären Schutz mit eingeschlossen. Des weiteren wird den benannten Urteilen folgend in Art. 3 Abs. 2 D-II neu ein Überstellungsverbot bei systemischen Mängeln eingeführt. Auch enthält die Neufassung

---

74 Ibid.
75 *Dolk* (Fn 64), S.5; *Wilkens*, Der einzige Weg, Amnesty Journal, 08-09/2013, S. 23.
76 Beteiligt waren 13 Mitgliedstaaten, die Schweizer Eidgenossenschaft, das UN-Flüchtlingskommissariat sowie das AIRE Centre und Amnesty International.
77 EuGH, 21.12.2011 - C-411/10, C-493/10.
78 *Dolk*, (Fn 64), S. 11 f.

weitere Verfahrensrechte des Asylbewerbers, wie ein Recht auf Information (Art. 4 D-II neu), ein Anhörungsrecht (Art. 5 D-II neu), Garantien für Minderjährige (Art. 6 D-II neu) und die Zustellung des Zuständigkeitsbescheides (Art. 26 D-II neu). Eine elementare Neuerung stellt die Garantie des einstweiligen Rechtsschutzes nach Art. 27 D-II neu dar.

Letztlich bleibt jedoch trotz der zu begrüßenden Förderung der Rechte von Asylbewerbern das Grundproblem der Überlastung weiterhin unberührt. Statt einer konkreten Regelung für überlastete Mitgliedstaaten oder einer generellen Systemänderung, wie sie durch viele Flüchtlingsorganisationen angedacht wird,[79] führt die *Dublin-II-Verordnung (neu)* lediglich ein Frühwarnsystem ein, welches die Erkennung von Überlastungen und somit Hilfe durch die Union ermöglichen soll.

Exkurs – Probleme von der griechischen Küste bis zum Münchener Rindermarkt

Die angesprochenen Defizite in der Ausgestaltung des *Dublin-Systems* sind jedoch bei weitem nicht abschließend. So führen auch neue europäische Standards nicht notwendigerweise zu einer Verbesserung. Anfang Juni wurde in Athen die neue griechische Asylbehörde eingerichtet. Diese soll – für den Zeitraum 2014 bis 2020 finanziert durch die bewilligten EU-Fördermittel in Höhe von 500 Millionen Euro – für ein schnelles und effizientes Verfahren sorgen. Da aber die Asylanträge nur in Athen gestellt werden können, haben die meisten Flüchtlinge, die sich anderenorts in Griechenland – oftmals in Haftlagern – befinden, keinen Zugang.[80] Hinzu kommen dann auch noch die unglaublichen Gefahren der Einreise, die oftmals zur See erfolgt und nach Angaben der Vereinten Nationen (UNHCR) allein im Jahre 2011 circa 1.500 Tote forderte.[81] Auch die unmenschlichen Bedingungen der Haft, welche in Griechenland für Schutzsuchenden nicht nur oftmals willkürlich erfolgt, sondern seit Oktober 2012 auch bis zu 18 Monate dauern kann, verschlechtert die Situation der Flüchtlinge dort.[82] Ähnliche Haftumstände und eine Haftdauer von bis zu 12 Monaten wurden aber auch in Ungarn 2012 durch die Arbeit von Flüchtlingsorganisationen bekannt.[83] Viele weitere

---

79 Vgl. spätere Ausführungen dieses Beitrages.
80 *Wilkens* (Fn 75), S. 22.
81 *Vilmar*, Insel der Schutzlosen, Amnesty Journal, 08-09/2013, S. 27.
82 *Wilkens*, (Fn 75), S. 22f.; *Vilmar*, (Fn 81) S. 28.
83 Ungarn-Bericht von ProAsyl,
http://www.proasyl.de/fileadmin/fmdam/q_PUBLIKATIONEN/2012/Ungarnbericht_3_2012_Web.pdf,
26.08.2013.

Mitgliedstaaten der EU, vor allem Italien, Malta und Ungarn, sind immer wieder in der Kritik durch Flüchtlingsorganisationen sowohl wegen ihrer überproportionalen Beanspruchung als auch wegen der katastrophalen Zustände des Asylsystems.

In Deutschland sind diese Probleme anderer (und eigener) Asylsysteme nicht unbekannt. So setzte Bundesminister des Innern Hans-Peter Friedrich bereits im Januar 2011 die Abschiebungen nach Griechenland aus (Nichtabschiebungserlass) und verlängerte diesen Abschiebestopp bereits im November desselben Jahres. Dabei machte er von der so genannten Souveränitätsklausel Gebrauch und wies das Bundesamt für Migration und Flüchtlinge hinsichtlich der Überstellung von Drittstaatsangehörigen nach Griechenland an, alle Asylverfahren in Deutschland durchzuführen (Selbsteintritt in die Prüfung des Asylgesuchs).[84] Dies ist jedoch kein Einzelfall. Im März 2013 reagierte der Bundesminister des Innern auf die humanitäre Krise in Syrien und verlängerte den Abschiebestopp dorthin ebenfalls um sechs Monate.[85]

Aber auch Deutschland selbst ist hinsichtlich seines Asylsystems in der Kritik. So rügen die Vereinten Nationen (UNHCR) beispielsweise den ausdrücklichen, gesetzlichen Ausschluss des einstweiligen Rechtsschutzes im Rahmen des *Dublin-Systems*.[86] Dieser Ausschluss wie auch die unwiderlegliche Vermutung der Sicherheit eines Drittstaates gem. §§ 26a, 34a II AsylVfG entziehen dem Schutzsuchenden sein Mitspracherecht.[87] Eine derartige Objektivierung ist ein immenses und systemimmanentes Problem des Asylverfahrens.[88] Folge sind dann Situationen wie der Hungerstreik auf dem Münchener Rindermarkt. Dort wurde versucht, durch radikale Proteste ein Aufenthaltsrecht zu erzwingen. Neben der offensichtlichen Feststellung, dass das Geforderte nicht auf diesem Wege „einfach" erteilt werden kann, führt dies zu zwei Schlussfolgerungen: Zum einen, dass die Lebens- und Unterkunftsbedingungen für Schutzsuchende derart schlecht sind, dass ein Hungerstreik als einziger Ausweg erscheint,[89] und zum anderen, dass ein adäquates Gehör der Interessen der Schutzsuchenden wohl im institutionellen System als auch in der Öffentlichkeit unterbleibt.[90]

---

84 Schreiben des Bundesinnenministers vom 28. November 2011,
   http://www.euractiv.de/fileadmin/images/BMI_Dublin_II_Griechenland_2011Nov28.pdf, 26.08.2013.
85 http://www.bmi.bund.de/SharedDocs/Pressemitteilungen/DE/2013/03/syrien.html, 26.08.2013.
86 UNHCR, 60 Jahre Genfer Flüchtlingskonvention – Herausforderungen für die deutsche Flüchtlingspolitik, S. 4.
87 *Lafrai,* (Fn 2), S. 77.
88 *Dolk,* (Fn 64), S.13.
89 Vgl. hierzu auch: *Welge,* Hastig, unfair, mangelhaft – Untersuchung zum Flughafenasylverfahren gem. § 18a AsylVfG, S. 235 f.
90 *Schmalz,* Nicht nur am Rindermarkt – politische Mitspracherechte von Asylsuchenden?,

Gerade auch vor dem Hintergrund drastisch wachsender Flüchtlingszahlen muss die Europäische Union in ihren Bestrebungen weiter eine Vereinheitlichung und Verbesserung des *Gemeinsamen Europäischen Asylsystems* verfolgen, um einen Flüchtlingsschutz zu ermöglichen, der sowohl der GFK als auch Art. 14 AEMR sowie Art. 18 GRC i.V.m. Art. 78 AEUV gerecht wird.

Lösungsvorschlag – Die Wahl lassen

Die genannten Defizite sind also bekannt und auch nach Abschluss der zweiten Phase der Harmonisierung des Flüchtlingsschutzes ungelöst. Angesichts der Probleme des *Dublin-Systems* sollte eine Lösung auf Ebene der Zuständigkeit angestrebt werden. Ein Ansatz, welche insbesondere immer wieder von Flüchtlingsorganisationen vertreten wird, zielt in diesem Zusammenhang darauf ab, das Kriterium der »illegalen Einreise« zur Zuständigkeitsbegründung durch die freie Wahl des Mitgliedstaates seitens des Asylsuchenden zu ersetzen, sofern sich nicht anhand anderer Kriterien die Zuständigkeit eines Mitgliedstaates aufdrängt (Art. 13 D-II neu).[91]

Hintergrund ist, dass die GFK keinen Antragszwang für den Asylsuchenden vorschreibt, sondern zumindest im Grundsatz ein Auswahlverlangen des Flüchtlings anerkennt (Art. 31 Abs. 2 GFK).[92] Mithin könnte also eine Meldung als Asylsuchender ausreichen, um den Interessen der Schutzsuchenden in diesem Zusammenhang Rechnung zu tragen.[93] Es ist jedoch höchst umstritten. ob die GFK letztlich ein Wahlrecht überhaupt anerkennt. Auf einen ähnlichen Streit läuft es hinsichtlich des *Dublin-Systems* hinaus.[94] Problemtisch erscheint dabei, neben der Auslegung der Vertragstexte selbst, zumeist das so genannte *asylum shopping*.[95] Beim *asylum shopping* stellt ein Antragsteller, nachdem er von einem Mitgliedstaat in einem regulären Asylverfahren abgewiesen wurde, einen weiteren Antrag in einem zweiten Mitgliedstaat.[96]

http://www.juwiss.de/po litische-mitspracherechte-vo n-asylsuchenden/, 01.08.2013.
91 *Lafrai*, (Fn 2), S. 77.
92 *Leyburne*, Should refugees have the „right" to choose their country of asylum?, S. 7 ff.
93 Vgl. *Vilmar*, (Fn 81) S. 26f.
94 *Leyburne* (Fn 94),S. 15ff.
95 *Leyburne* (Fn 94), S. 2.
96 *Leyburne* (Fn 94), S. 13f.

Auch das BVerfG hat sich zumindest inzident mit der Frage eines Wahlrechts des Asylbewerbers auseinandergesetzt. Jedoch wurde ein solches Recht als den Prinzipien der Übereinkommen von Schengen und Dublin zuwiderlaufend abgelehnt.[97] Der vorliegende Beitrag wird diesen Streit nicht auflösen. Allerdings würde nach der angesprochenen Idee das bestehende System im Grundsatz erhalten bleiben.[98] Asylsuchende werden beim Grenzübertritt nach Art. 77 I b.) und c.) AEUV identifiziert und kontrolliert. Nun ist der Asylsuchende dazu verpflichtet einen Asylantrag zum Schutz gegen Abschiebung oder Zurückweisung zu stellen, wohingegen der Mitgliedstaat auch ohne Antrag Eingriffe in den Schutzbereiche der Art. 33 GFK und Art. 3 EMRK vermeiden muss. Dies beinhaltet insbesondere den Grundsatz des *non-refoulement*. Will der Asylsuchende keinen Asylantrag stellen, darf er hierzu durch den Einreisestaat nicht gezwungen werden.

Hier greift dann das Recht des Flüchtlings auf freie Wahl des Mitgliedstaates ein. Der die Einreisekontrolle vollziehende Mitgliedstaat würdigt dies und stellt dem Asylsuchenden sodann einen schriftlichen Einreisenachweis aus, sodass er im Mitgliedstaat seiner Wahl den Asylantrag stellen kann. Nun ist innerhalb eines angemessenen Zeitraums in dem gewählten Mitgliedstaat ein Antrag zu stellen. Hinsichtlich der Sanktionierung von in diesem Rahmen auftretendem Fehlverhalten steht der EU ein Gestaltungsraum zu. Verschiedene Organisationen verweisen jedoch auf die familiären, kulturellen und sozialen Netzwerken der Aufnahmesuchenden und der somit inhärent hohen Motivation, den gewählten Mitgliedstaat alsbald aufzusuchen und dort den Asylantrag zu stellen.[99]

Da ein solches System kein Selbstträger ist und auch insbesondere den Interessen der aufnehmenden Mitgliedstaaten gerecht werden muss, sollten finanzielle Anreize in Form eines Ausgleichsfonds geschaffen werden. Aus diesem sollten, entsprechend der Aufnahmequoten, den Mitgliedstaaten Gelder zur Verfügung gestellt werden, um diese wiederum in ihr Asylsystem investieren. So könnte in Deutschland beispielsweise das viel kritisierte Flughafenverfahren wesentlich effizienter aber vor allem auch menschenrechtskonformer gestaltet werden. Hierbei könnten Probleme wie die rein telefonisch erfolgende Einbindung von Dolmetschern in Aufgriffsbefragungen durch die Bundespolizei, aber auch die mangelhafte Aufklärung der Antragsteller sowie das Problem zu kurzer Fristen hinsichtlich

---

97 BVerfGE 94, 49 (125).
98 *Dolk*, (Fn 64), S.11f.
99 Ibid.

Beweismittelerhebung und medizinisch-psychologischer Begutachtung behoben werden.[100] Durch die vorgeschlagene Finanzierung könnten in einem Rahmen Anreize geschaffen werden, die den Ansprüchen des *Gemeinschaftlichen Europäischen Asylsystems* gerecht werden.

In conclusio ist zu sagen, dass ein solches Wahlsystem, welches auf Freiwilligkeit und Zugehörigkeit beruht und die soziale und kulturelle Integration in großem Maße fördert, dem europäischen Gedanken weitaus näher liegt als das Aufoktroyieren von mehr oder weniger schlechten Schutzoptionen. Hierbei werden keine neuen Ideen umgesetzt, vielmehr reflektiert dies auch schon der erste Erwägungsgrund der Verordnung (EG) Nr. 343/2003, welcher den Schutzbedürftigen versichert, dass der *„Raum der Freiheit, der Sicherheit und des Rechts [...] allen offen steht, die wegen besonderer Umstände rechtmäßig in der Gemeinschaft um Schutz nachsuchen."* Der europäische Flüchtlingsschutz darf in seiner Ausgestaltung nicht mehr einem Lottospiel gleichen. Der Schutz von Menschen ist effizient und sicher zu gestalten, das System überschaubar, schlank und auf das Individuum bezogen zu gestalten. Nur so kann ein erfolgreicher Integrationsprozess etabliert werden und auch die Aufnahmestaaten von der einzigartigen Bereicherung durch jedes Individuum für Kultur- und Wirtschaftskreis profitieren. Aber dafür muss der europäische Rechtsschutz dem Flüchtling eine Zuflucht bieten, die von Sicherheit, Freiheit und Rechtsstaatlichkeit gleichermaßen geprägt ist. Denn unabhängig davon, welchen Flüchtling man individuell betrachtet, grundsätzlich beschreiben die Worte Antonio Guterres, des Flüchtlingshochkommissar (UNHCR), es treffend:

„While every refugee's story is different and their anguish personal, they all share a common thread of uncommon courage – the courage not only to survive, but to persevere and rebuild their shattered lives."[101]

---

100   Welge (Fn 89), S. 235 f.
101   http://www.unhcr.org/42b0064d4.html, 26.07.2013.

Lightning Source UK Ltd.
Milton Keynes UK
UKOW04f2153070917

308785UK00001B/233/P

9 783668 099913